В безопасности с Богом

Когда я близок к Богу, я могу отдать всё в Его руки и Он даёт мне покой.

«Живущий под кровом Всевышнего в тени Всемогущего покоится.»

(стих 1)

Я знаю, что я могу положиться на Бога, потому что Он защищает меня и придает мне силы.

«Скажу о Господе: «Он — мое прибежище и крепость моя, Бог мой, на Которого уповаю.»

(стих 2)

Господь может защитить меня от тех, кто хочет мне навредить. Он может сохранить меня здоровым.

«Он избавит тебя от сети ловца и от гибельной язвы.»

(стих 3)

Господь окружает меня своим присутствием подобно тому, как птица крыльями укрывает птенцов. Господь верно хранит меня.

«Он укроет тебя Своими перьями, и под Его крыльями ты найдешь прибежище. Его истина будет тебе щитом и броней.»

(стих 4)

Мне не стоит бояться ни темноты ночью, ни опасностей днем.

«Не убоишься ни ужасов в ночи, ни стрелы, летящей днем,»

(стих 5)

Мне не нужно бояться болезней, потому что Господь со мной.

«Ни язвы, ходящей во мраке, ни заразы, опустошающей в полдень.»

(стих 6)

Даже если вокруг меня будут раздоры и беспорядки, с Господом я чувствую себя в безопасности.

«Тысяча падет около тебя, и десять тысяч справа от тебя, но к тебе не приблизится.»

(стих 7)

Я вижу, что происходит с теми, кто творит зло, и я не хочу им подражать.

«Только глазами своими будешь смотреть и увидишь возмездие нечестивым.»

(стих 8)

Господь моя защита; Он как мощная крепость, где можно спрятаться от опасности. С Богом я в безопасности.

«Потому что ты избрал Господа — Всевышнего, прибежище мое — своей обителью, не пристанет к тебе зло, и язва не приблизится к твоему жилищу.»

(стихи 9,10)

Господь говорит своим ангелам быть моими телохранителями везде, куда бы я ни пошел.

«Ведь Он Своим ангелам повелит о тебе — охранять тебя на всех твоих путях.»

(стих 11)

Они наблюдают за мной, чтобы я не пострадал.

«Они понесут тебя на руках, чтобы ноги твои не ударились о камень.»
(стих 12)

Господь любит меня, и я люблю Его. Он хранит меня в безопасности.

«Господь говорит: «Сохраню его, потому что он любит Меня, защищу его, потому что он знает Мое имя.»

(стих 14)

Когда я молюсь Богу, и зову Его на помощь, Господь обещает прийти и избавить меня от опасности.

«Когда воззовет ко Мне, Я отвечу: в беде буду с ним, избавлю его и прославлю.»

(стих 15)

Господь с любовью заботится обо мне: Он хочет, чтобы я был здоровым и жил долго в Его присутствии.

«Насыщу его долголетием и явлю ему Мое спасение.»

(стих 16)

Больше книг в этой серии:

Опубликовано iCharacter Ltd. (Ireland)
www.icharacter.org
Составлено Агнес де Безенак
Перевод: Наталия Феррейра
Авторское право 2020.

www.icharacter.org

Авторское право © 2020 iCharacter Ltd. Все права защищены. Никакая часть этой книги не может быть воспроизведена в любой форме или любым электронным или механическим способом, включая системы хранения и поиска информации, без письменного разрешения издателя или автора, за исключением случаев, когда рецензент может процитировать краткие отрывки, использованные в критических статьях или в рецензии.